多文化共生を学ぼう

中国・韓国の友だち

もっと知りたい！
日本でくらす世界の友だち

監修　梅澤 真一

はじめに

　みなさんの学校には外国から来た友だちがいますか。
　日本の小学校に通う外国から来た子どもは、年々ふえています。文部科学省の調査によれば、2013年度には公立学校に通う外国人児童生徒数は約7万人でしたが、2023年度には約13万人に達し、10年間で2倍近くにふえています。日本の公立小学校では、外国から来た子どもがいる学校の割合は、全体の約半数に達しています。外国から来た子どもは、日本語が苦手なことが多いので、本やタブレットなどを使って、日本語を学んでいます。日本のみんなと仲よくなろうと、一生懸命がんばっているのです。
　この「もっと知りたい！　日本でくらす世界の友だち　多文化共生を学ぼう」シリーズでは、外国から来た友だちのことをよく知るためにはどうしたらよいか、また、どのようにすれば、より仲よくなれるかをしょうかいしています。
　第1巻では中国と韓国をしょうかいします。まず、中国や韓国のようすを学びます。正式な国の名前、人口や面積、通貨や国旗などです。次に、日本とのつながりを学びます。文化や貿易、人とのつながりなどです。中国や韓国から日本に来ている、あるいはその国にルーツのある小学生などのインタビューものせました。どんな気持ちで日本の学校ですごしているかが、よくわかります。中国語や韓国語もしょうかいしました。言葉を覚えて、話ができるようになるとよいですね。中国や韓国で大事にされている行事や小学校のようす、食べ物についても知ることができるので、日本とのちがいがよくわかるでしょう。
　このシリーズを読んで、外国から来た友だちのことを知り、今まで以上に打ちとけ合ったり、助け合ったりして、外国から来た友だちと、より仲よく、楽しくすごせるようになることを期待しています。

梅澤　真一

もくじ

はじめに ・・・・・・・・・・・・・・ 2

中国編

マンガ 中国のこと知りたいな ・・・・・・・・・・・・・ 4

中国ってどんな国？ ・・・・・・・・・・・・・・・・・ 6

中国と日本のつながりって？ ・・・・・・・・・・ 8

🎤 中国にルーツのある小学生にインタビュー ・・・・・・ 10

🎤 リュウさんの先生にインタビュー ・・・・・・・・ 12

中国語で話してみよう ・・・・・・・・・・・・・・・ 14

中国の行事にせまってみよう ・・・・・・・・・・ 16

中国の教育制度と小学校のようす ・・・・・・・ 18

中国の食文化にせまってみよう ・・・・・・・・・ 20

韓国編

マンガ 韓国のこと知りたいな ・・・・・・・・・・・・・・・ 22

韓国ってどんな国？ ・・・・・・・・・・・・・・・・・ 24

韓国と日本のつながりって？ ・・・・・・・・・・ 26

🎤 韓国にルーツのある小学生にインタビュー ・・・・・・ 28

🎤 キム・シウさんの家族にインタビュー ・・・・・・・・ 30

韓国語で話してみよう ・・・・・・・・・・・・・・・ 32

韓国の行事にせまってみよう ・・・・・・・・・・ 34

韓国の教育制度と小学校のようす ・・・・・・・ 36

韓国の食文化にせまってみよう ・・・・・・・・・ 38

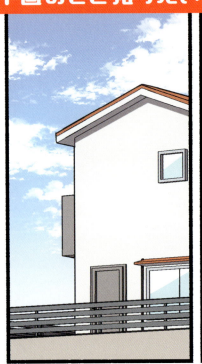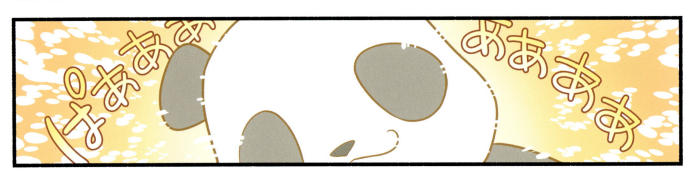

中国ってどんな国？

世界で4番目に面積の大きな国です。中国の基本データを見てみましょう。

中国は東アジアという地域にあり、日本とは東シナ海をへだててとなりあいます。地形は大まかに、山脈や高原、さばくが広がる西部の標高が高く、大平原の広がる東部が低くなっています。黄河や長江の近くには古くから人が住み、文明が生まれました。

正式名称	中華人民共和国
首都	ペキン（北京）
面積	960万km²（日本の約25倍）
人口	14億2,600万人（日本の約11倍）
民族	漢民族および55の少数民族
宗教	仏教、キリスト教、イスラム教、民間信仰
通貨	人民元

国旗

「五星紅旗」とよばれ、赤の地色に黄色い星が5つえがかれています。赤色は共産主義と革命のシンボルで、黄色は明るい光を表しています。5つの星のうち、大きな星は国を動かしている中国共産党、4つの小さな星は、それぞれ中国の人民である労働者、農民、知識人、資本家を意味します。

通貨の単位には「元」「角」「分」があり、10分で1角、10角で1元です。1元は日本円の20円くらいの価値です。お札にえがかれている人は、中華人民共和国を建国した毛沢東です。中国は日本以上にキャッシュレス決済がさかんで、現金を使う人がへっています。
（2024年12月現在）

世界遺産　万里の長城

万里の長城は、北の異民族の侵入をふせぐためにつくられた城壁です。紀元前3世紀に、秦の始皇帝が建設を本格化しました。今からおよそ600年前から400年前の明の時代に、現在の形になりました。

中国を代表する動物　ジャイアントパンダ

野生のジャイアントパンダは中国でのみ生息がかくにんされており、およそ1,800頭います。保護活動により数はふえてきました。

首都のようす　ペキン（北京）

首都・ペキン（北京）は中国の政治・経済・文化の中心地です。近代的な都市でありながら、古代の町なみも残ります。人口は約2,200万人です。

観光地　天安門広場

ペキン（北京）にある天安門広場は、故宮（紫禁城）前に広がる世界最大とされる広場で、100万人が入れるといわれます。

東京からペキン（北京）までは飛行機で約4時間だよ

中国と日本のつながりって？

中国は、海をはさみ日本のとなりにある国です。日本とは古くからつながりがあり、2,000年もの長い間、人や物、文化が行き来しています。

中国と日本の古くからのつながり

　中国と日本の交流は長く、古くは、約2,000年前に日本（倭国）が中国（後漢）のこうていにみつぎ物を送ったという記録が残っています。中国と日本の交流は王朝が変わっても続き、漢字や仏教をはじめ、さまざまな文化が日本に伝わりました。日清戦争（1894～1895年）や日中戦争（1937～1945年）などで、両国が戦った歴史もありますが、1972年9月には「日中共同声明」に署名し、国交が回復しています。

日本と中国の友好のあかしとして、1972年にはじめて、中国から日本にパンダがおくられた。

日本との貿易の結びつきが強い

　中国は工業を中心に発展し、「世界の工場」ともよばれています。電子部品や機械類、衣類など多くの製品が中国でつくられ、日本にも輸出されています。わたしたちの身のまわりにも「MADE IN CHINA（中国製）」と書かれたスマートフォンや衣類、生活用品などが数多く見られます。一方、日本からは、せいみつ機器や自動車などが中国に輸出されています。また、近年では化粧品の輸出がのびています。

パンダを友好のあかしとしておくる中国の外交は、「パンダ外交」とよばれているよ

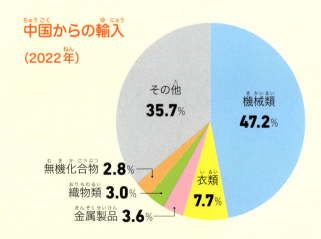

中国からの輸入（2022年）
- 機械類 47.2%
- その他 35.7%
- 衣類 7.7%
- 金属製品 3.6%
- 織物類 3.0%
- 無機化合物 2.8%

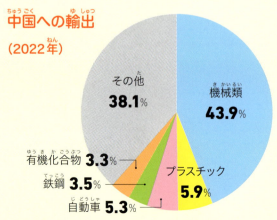

中国への輸出（2022年）
- 機械類 43.9%
- その他 38.1%
- プラスチック 5.9%
- 自動車 5.3%
- 鉄鋼 3.5%
- 有機化合物 3.3%

（出典）「日本国勢図会」2024/25

日本にはどれくらいの中国人が住んでいるの？

日本でくらす中国人の数は、2023年の時点でおよそ82万人。日本に住む外国人の中でもっとも多いのが中国人です。日本に留学する中国人も多く、約11万5,000人が勉強のためにやって来ています。これは、世界中から日本に来る留学生の数の約3分の1にあたります。

中国でくらす日本人の数 101,786人（2023年10月1日現在）

日本に住む外国人の数 上位6か国（2023年末）

順位	国	人数
1位	中国	821,838人
2位	ベトナム	565,026人
3位	韓国	410,156人
4位	フィリピン	322,046人
5位	ブラジル	211,840人
6位	ネパール	176,336人

（出典）出入国在留管理庁「在留外国人統計」

日本では、たくさんの中国人がくらしているんだね

中華街はどうして生まれたの？

日本には、「中華街」がいくつもあります。横浜、長崎、神戸にできた中華街は規模が大きく「日本三大中華街」とよばれています。江戸時代の終わりに、日本が開国したとき、日本人の多くが欧米の言葉がわかりませんでした。中国の人たちの中には欧米とすでに交流があり、言葉を理解していた人もいたため、日本と欧米の通訳や仲介役として、横浜などにたくさんうつり住みました。このような中国の人たちが集まったところが、今の中華街へとつながっています。

横浜中華街

神戸南京町

長崎新地中華街

中国にルーツのある小学生にインタビュー

 中国から日本に来て、神奈川県横浜市の小学校に通う小学6年生のリュウさんに聞いてみました。

🎤 日本に来ると決まったとき、どういう気持ちでしたか？

 先にお父さんが日本に来ていて、あとからお母さんと一緒に日本に来ました。最初に聞いたときは、あまり行きたくありませんでした。知らない国に引っこし、新しい環境に行くので、とてもきんちょうしてしまいました。実際に日本に来て、慣れてきたら、だんだん楽しくなってきました。

🎤 日本の小学校に来て感じたことは？

 中国の小学校は毎日、宿題がたくさん出ていたので、日本は宿題が少ないなと感じています。
日本の小学校の音楽の授業がとても楽しいので、音楽が好きになりました。将来は音楽をもっと勉強したいと思っています。

●子どもの名前は仮名です。

10

🎤 日本に来て、日本の小学校の生活でこまったことは？

日本に来たばかりのころは、言葉がぜんぜんしゃべれませんでした。友だちにも話しかけられないので、友だちがいなくて、とてもさびしかったです。日本に来て1年たったころから少しずつ、思っていることを日本語でつたえることができるようになってきました。

🎤 日本の料理や文化で好きなものはありますか？

日本の料理は、中国の料理にくらべると、味がうすいなと感じることもあります。日本で食べるラーメンや日本の小学校の給食は、とてもおいしいと思っています。

日本の文化で好きなのは、アニメやまんがです。最初は「アンパンマン」がおもしろかったです。あと「名探偵コナン」とか「ポケットモンスター」も好きです。

日本語を学ぶ子どもたちの授業のようす。

リュウさんの先生にインタビュー

 リュウさんが通う神奈川県横浜市の小学校で日本語支援の先生に聞いてみました。

🎤 リュウさんたちが、がんばっているなと思うことはありますか?

 わたしは、どの国の子も全員がんばっているなって、いつも思っています。さまざまな事情で言葉のわからない国に来て、不慣れな慣習の中で暮らしていくのは、本当に大変なこと。慣れるまでとても時間がかかるので、そんな中、毎日学校に来ているだけでも、十分がんばっているなと思っています。最初は気をはって、ひらがなや日本語の勉強をがんばっても、途中でちょっとつかれて元気がなくなってしまう時期が来る子どももいます。そういう気持ちに寄りそいながら、一緒に乗りこえていけるようにしようと心がけています。

🎤 外国にルーツのある子どもたちとのコミュニケーションで気をつけていることは?

 自分の国で今まで学習してきたことや、経験してきた知識を活かすことができるようにしています。言葉がしゃべれないからといって、何もわからないわけではありません。その子が今まで生きてきた中で身につけた知識や経験を尊重して、学習にも生きるように、例えば「日本ではこうだけど中国ではどうだろう?」と質問したり、「中国ではどんなものを食べるの?」と聞いたりするなど、その国のことをわたしのほうが教えてもらうようなやり取りを、とても大事にしています。

世界のあいさつがわかるけいじ物。

階段には、3か国語で曜日がかかれている。

🎤 外国にルーツのある子どもたちのために、学校でどんな取り組みをしていますか？

　学校の図書室にはいろいろな国の言葉の本があります。図書委員会の読み聞かせ活動の中では、日本語で読んだり、中国語を話せる子たちは中国語で読んだりと、いろいろな言葉で読み聞かせる活動があります。運動会のときのアナウンスでは、大切な部分は日本語と中国語と英語の3か国語にして、外国から来た保護者の方にもわかるようにお知らせする取り組みも始めています。

🎤 日本の文化と外国の慣習がちがったら？

　以前に外国から来たある子が、給食の時間に、持ってきたクッキーを食べはじめたことがありました。あとでお母さんに聞いたら、日本のごはんが慣れない味つけなのであまり食べられなくて、おなかがへってしまってかわいそうだから、クッキーを持たせていたことがわかりました。その子の国では給食がないので、わからないことも多く、こまっていたということもわかりました。これは慣習のちがいからおきたことなので、しかるのではなく「日本ではおやつは教室では食べないんだよ」と説明しました。少しずつ慣れてもらえるように、ちがう慣習は、その度に説明しますし、逆にその子の国の慣習を聞くことも大切にしています。

13

中国語で話してみよう

中国語のあいさつと、気持ちを表す言葉です。声に出して話してみましょう。

あいさつの言葉　　基本のあいさつをマスターしよう

おはよう
ニイヅァオ
你早

こんにちは
ニイハオ
你好

さようなら
ヅァイチェン
再见

ごめんなさい
ドゥイブーチー
对不起

ありがとう
シィエシィエ
谢谢

どういたしまして
プークァーチー
不客气

14

気持ちを表す言葉

中国語を話せる友だちがいたら発音を教えてもらおう

うれしい
ガオシン
高兴

たのしい
カイシン
开心

おこる
ションチー
生气

こまる
ウェイナン
为难

かなしい
シャンシン
伤心

さびしい
ジーモオー
寂寞

おもしろい
ヨウチュー
有趣

つまらない
メイイースー
没意思

15

中国の行事にせまってみよう

中国の年中行事は、月の満ちかけを元にした「旧暦」というこよみによって祝われるのが特徴です。それぞれの行事を見てみましょう。

> 1月 > 2月 > 3月 > 4月 > 5月 > 6月 >

春節

2月ごろ　（旧暦12月30日〜1月3日）

　春節は、年が変わるのを祝う行事です。多くの人がふるさとにもどり、家族そろって年をこします。春節の前後1週間ほどは、学校や会社が休みになるので、この機会に旅行に出かける人も多くいます。獅子舞をはじめとした伝統芸能が各地でひろうされて祝われるほか、「邪気をはらうため」に爆竹を鳴らしたり、花火を上げたりするなど、町中がお祝いムードにつつまれます。

水餃子は形が昔のお金「元宝」ににていることから、縁起のよい食べ物とされている。

> この時期は、日本にも中国からたくさんの観光客がくるね

清明節

4月ごろ　（旧暦3月の春分の日から15日目）

　清明節は、4月のはじめごろの春の祝日です。清明節には先祖のお墓参りをするのがよいと考えられていて、日本のお彼岸ににています。日本では春と秋のお彼岸と、夏のお盆などにお墓参りに行きますが、中国ではお墓参りのための日は清明節だけです。清明節にはお墓参りだけではなく、春のおとずれを感じにピクニックに行く人も多いようです。

お墓参りでもやされるにせもののお金。先祖があの世でお金にこまらないように、この風習がある。

> 清明節の風習自体は昔からあるけど、2008年から3日間の祝日に指定されて、学校や会社が休みになったよ

中国では日本と同じように公的には西暦を使っているんだけど、伝統行事は旧暦を使っているよ。旧暦は西暦と1年で約11日ずれるから、春節や清明節の日は毎年ちがうよ

> 7月 > 8月 > 9月 > 10月 > 11月 > 12月

端午節

6月ごろ （旧暦5月5日）

　端午節は、日本の「こどもの日（端午の節句）」の元になった行事です。中国では子どもだけでなく、すべての人の無病息災（病気をせず健康であること）を願う日です。邪気をはらうために、ショウブの葉をかざったり、ちまきを食べたりするのは日本のこどもの日と同じです。言い伝えでは、端午節はもともと大昔の中国の政治家の屈原という人を供養するための日でした。屈原は人々にしたわれていましたが、いんぼうで国を追われて川に身を投げたため、人々がかれをしのんで川にちまきを投げ入れたことがはじまりとされています。

中秋節

9月ごろ （旧暦8月15日）

　中秋節は、旧暦の8月15日に満月をながめる行事です。日本でも同じ時期、9月の満月の日を「中秋の名月」とよび、月見をする風習が伝わっています。中国では、この日に家族がそろって食卓をかこみ、お月見をするのが伝統で、満月をかたどった丸くて平たいおかし、「月餅」がふるまわれます。

満月をかたどった月餅。アヒルのたまごの黄身や、あんこ、クルミが入ったものなどがある。

中国南部では、端午節に龍の頭をかたどったボートをこいで速さを競う「ドラゴンボートレース」がおこなわれる。

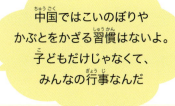

中国ではこいのぼりやかぶとをかざる習慣はないよ。子どもだけじゃなくて、みんなの行事なんだ

丸くて平たい満月は、「家族の輪」や「一家だんらん」を表しているといわれていて、中秋節は別名「団円節」ともよばれるよ

中国の教育制度と小学校のようす

中国では受験競争がはげしく、小学生のころから熱心に勉強に取り組む子どもたちが少なくありません。中国の教育制度を見てみましょう。

中国の教育制度

中国では6歳で小学校に入学し、6年間学びます（地域によって7歳での入学もゆるされている）。その後は、日本の中学校にあたる初級中学が3～4年、日本の高校にあたる高級中学が3年あります。このうち小学校と初級中学の、合わせて9年間が義務教育にあたります。ただ、とくに成績がよい子どもは、学年をこえて進級する「飛び級」の制度があり、9年より短い期間で義務教育を終える人もいます。大学は4～5年間で、大学のほかに職業に必要なことを学ぶ職業技術学院もあります。

書道の授業のようす。小学生のシンボルとして、首に赤いスカーフをまく。

小学校の1年間

小学校の新学期は9月に始まり、1月下旬までが1学期です。1月下旬～2月には春節をふくむ1か月ほどの冬休みがあり、2月下旬から7月中旬までが2学期になります。夏休みは7～8月の約1か月半～2か月ほどあります。夏休みの前が学年末になり、卒業式は6月末、入学式は9月上旬におこなわれます。

秋に入学して夏に卒業なんだね

4月	5月	6月	7月	8月	9月	10月	11月	12月	1月	2月	3月
				夏休み	1学期					2学期	
2学期									冬休み		

新学期

授業のようす

　中国の子どもたちも国語や算数、理科など、日本と同じような授業を受けています。英語やプログラミングを学ぶ授業などもあります。多くの小学校では毎日、体育の授業があり、授業とは別に毎朝の運動の時間ももうけられています。授業の間に、つかれた目を休める「目の体操」をおこなう習慣もあります。

授業の合間に、目の体操をしているようす。

パソコンを使ったプログラミングの授業。

放課後のすごし方

　中国では受験競争がはげしく、かつては多くの小学生が、学校が終わってからも塾や宿題で休みなく勉強をしていました。しかし、勉強のしすぎによって健康を害することをふせぐため、2021年から政府が学習塾を禁止しました。宿題の量もへらし、小学生が運動をしたり、長くすいみんをとったりすることがすすめられています。塾以外の習い事をする子どもは多く、スポーツのほか、ダンス、美術などの習い事が人気です。

中国では塾が禁止だよ！ダンスやスポーツの習い事は、日本でも人気だよね

19

中国の食文化にせまってみよう

日本でも中国料理は大人気です。じつは、広い国土をもつ中国では、地域によって料理の特徴が大きくちがいます。

中国は地域によって味つけがちがう

中国は、ひじょうに広い国土をもっています。そのため、一言で「中国料理」といっても、地域によって食材や味つけがガラリと変わります。中国の郷土料理は数十種類にものぼりますが、もっともよく知られる四川料理、広東料理、北京料理、上海料理の4つが、「中国四大料理」といわれています。こうした有名な郷土料理のほかにも、中国に住む少数民族独自の料理もあり、食材も多種多様です。

> 地域によってとれる作物がちがうから、使われている食材にも差があるよ。南のほうはおもにお米を食べる地域で、北のほうは小麦を主食にしているんだ

北京料理
寒くてかんそうした地域で、こい味つけの料理が多い。

北京ダック / ジャージャーめん

上海料理
米がとれる地域で、しょうゆやさとうを使った料理が多い。

上海ガニ / トンポーロー

> 四川料理には、からい料理が多いんだね。わたしの好きな麻婆豆腐は四川料理なんだね！

辣子鶏

ワンタンめん

麻婆豆腐

四川料理
とうがらしやさんしょうなどの香辛料を使ったからい料理が多い。

広東料理
穀物、野菜、魚介が豊富にとれる地域で、素材を生かしたあっさりした味つけの料理が特徴。

飲茶

1日の食事のようすは？

中国の人たちは食への意識が高いといわれ、多くの人が1日3回の食事をしっかりとります。町中には屋台やレストランが多くあり、朝から開いている屋台で朝食にかゆや饅頭（マントウ）などが食べられます。1日の食事の中で夕食をとくにしっかりとる人が多く、家族全員で食卓をかこむのが好まれます。大皿にのせた料理をみんなで取り分けることも多く、食事のマナーは日本のマナーとは少しことなります。

中国で朝食に食べられているかゆと、油条とよばれるパン。

中国の食事マナー

- 汁物やめんは音を立てずに食べる
- 年長者から先に食べる
- 大皿からちょくせつ自分のはしでとって食べる

中国では「食べ物は薬」

中国には古くから「薬食同源」という考え方があります。食べ物には、薬と同じように健康になるためのはたらきがあり、体の調子が悪いときはバランスのよいものを食べることが重要であるという考えです。体のはたらきを「肝・心・肺・脾・腎」の5つの「五臓」に分け、これらを整えるためには、それぞれにおうじた「五味」にあたる食べ物を食べるとよいといわれています。

どう？中国のことがわかってきた？

うん、もっといろんな人に中国のことを聞いてみたいな！

21

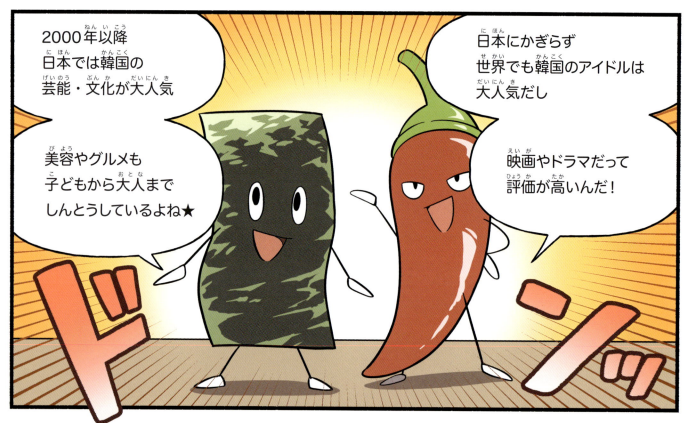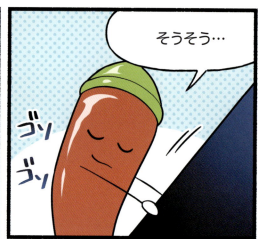

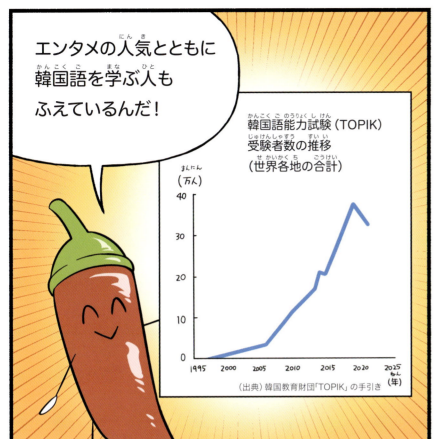

韓国ってどんな国？

日本からのきょりがもっとも近い国です。基本データを見てみましょう。

韓国は朝鮮半島の南部に位置しています。日本と同じように山の多い地形で、東部には山脈が走り、西部の川ぞいに平野が広がります。南部は温暖な気候ですが、北部は冬の寒さがきびしく、かんそうしています。

正式名称	大韓民国
首都	ソウル
面積	10万km²（日本の約4分の1）
人口	5,200万人（日本の約4割）
民族	朝鮮民族
宗教	キリスト教、仏教
通貨	ウォン

国旗

「太極旗」とよばれ、白地は明るさと純粋、平和を愛する民族性を表しています。中心の円（太極文様）は青色が陰、赤色が陽で陰陽の調和をしめし、宇宙の原理を表現したものです。四隅のもよう（卦）はそれぞれ空、大地、水、火を表しています。

1ウォンは日本円で0.1円くらいの価値です。10,000ウォンのお札には、韓国で使われている文字であるハングルをつくった世宗大王がえがかれています。買い物では、キャッシュレス決済が広く利用されています。（2024年12月現在）

首都ソウルには韓国の5分の1の人口が集中しているんだよ

世界遺産　昌徳宮

宮殿のひとつで、15世紀はじめに離宮としてつくられました。たびたび焼失し、再建されています。色あざやかな木造建築と、四季折々の景色が美しい広大な庭園があります。

市場　南大門市場

約600年の歴史がある、ソウル最大の市場のひとつです。南北250ｍ、東西500ｍほどの地域に1万けんあまりの店がならんでいます。

観光地　済州島

首都のようす　ソウル

14世紀から都が置かれたソウルは、北側に官公庁や昔ながらの市場、南に商業施設が集まります。

済州島は韓国でもっとも大きな島で、温暖な気候のリゾート地です。島固有の文化もあり、国内外から多くの観光客がおとずれます。

東京からソウルまでは飛行機で約2時間だよ

25

韓国と日本のつながりって？

韓国は、世界でもっとも日本の近くにある国です。日本との関係は2,000年以上あります。

韓国と日本の古くからのつながり

韓国は朝鮮半島の南部にある国です。かつては朝鮮半島の北部にある朝鮮民主主義人民共和国とひとつの国でしたが、1948年に分断されました。

朝鮮半島と日本の関係は古く、2,000年以上前にはすでに交流がありました。豊臣秀吉が朝鮮を侵略しようとして、一時国交がとだえましたが、江戸時代には国交が再開していました。明治時代に日本が、朝鮮半島を植民地化したことで、関係は悪化。その後、1965年に韓国と日本の国交が回復しました。2023年現在、日本に住む外国人で、3番目に多いのが韓国籍の人たちです。

日本でくらす韓国人の数 410,156人（2023年末現在）

韓国でくらす日本人の数 42,547人（2023年10月1日現在）

韓国の書店には、韓国語にほんやくされた日本のマンガがならぶ。

韓国では、日本のアニメや和食が好きな人が多いんだ。おたがいの文化を楽しめるのはすてきだよね！

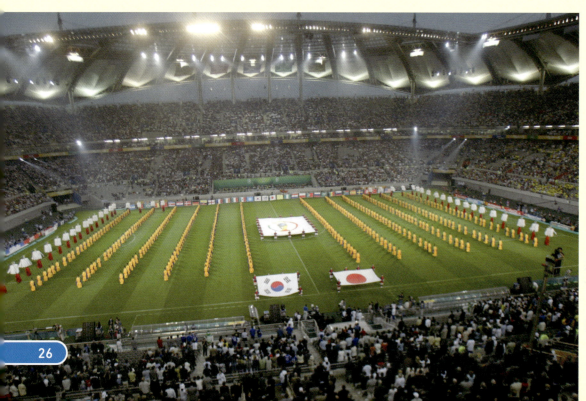

2002年にはサッカーの世界大会（ワールドカップ）が、日本と韓国の共同で開催された。

韓国からの旅行者に人気の観光地って？

日本をおとずれる外国人の中で、もっとも多いのが韓国人です。2023年には、約700万人が来ています。とくに人気がある訪問先の都道府県は大阪府です。テーマパークのユニバーサル・スタジオ・ジャパンにおとずれる人がたくさんいます。2位は福岡県で、韓国と地理的にも近く、アクセスのしやすさが人気の理由のひとつです。一方、韓国をおとずれた外国人客の中でもっとも多いのも日本人で、2023年には約230万人がおとずれています。

韓国からの訪問者　都道府県別訪問率（2023年）

1位	大阪府	34.6%
2位	福岡県	25.8%
3位	東京都	24.5%
4位	千葉県	20.1%
5位	京都府	19.4%

（出典）観光庁「訪日外国人消費動向調査」

日本で見つけた韓国

日本には韓国にルーツのある人が多いこともあって、国内の各地にコリアンタウンがあります。東京にある新大久保は日本最大のコリアンタウンで、韓国料理店や土産物店が立ちならんでいます。とくに2003年ごろの韓流ブーム以降、観光地として人気のまちになりました。また、大阪のコリアンタウンにも韓国にルーツのある人がいとなむ店が数多くあり、観光客に向けたキムチづくり体験や、ハングル入門講座などがおこなわれています。

韓国料理のほか、コスメやアイドルグッズなど、韓国のトレンドを取り入れた店がならぶ新大久保。

> 新大久保や大阪のコリアンタウンでは、話題の韓国スイーツや屋台グルメ、本格的なキムチが買えるんだって。行ってみたいなあ

大阪コリアタウン。300mほどの通りに韓国の食料品店や飲食店、民族衣装の販売店など、多くの店がひしめく。

韓国にルーツのある小学生にインタビュー

お父さんが韓国出身、お母さんが日本出身の小学2年生、東京都在住のキム・シウさんに聞いてみました

🎤 韓国の行事で、家で大切にしているものはありますか?

韓国では9月に「チュソク（秋夕）」（→35ページ）という行事があります。今年はその時期に、家でオンマ（ママ）と「ソンピョン（松餅）」という韓国のおかしをつくりました。ゴマが入ったあんをおもちで包んで、ギョウザのような半月型にします。それを松の葉の上にならべて、むしたらできあがりです。中身を入れて包むところがむずかしかったけれど、がんばってつくったからおいしかったです。

オンマとつくったソンピョン

🎤 韓国にまつわることで勉強をしていることはありますか?

家では韓国語でアッパ（パパ）、オンマと話しています。ねる前にはオンマと韓国の絵本を読むこともあります。ハングル（韓国語の文字）が読めるようになるために、家でアッパと練習しているほか、「韓国土曜学校」にも通って勉強をしています。

ハングルのテキストと絵本

● 子どもの名前は仮名です。

韓国料理の中でどんな料理が好きですか？

とくに好きなのは、オンマがつくったスンドゥブチゲです。からいけどとてもおいしいです。韓国で食べた韓国おでんとダルゴナもおいしかったです。ほかには、韓国チキン、マンドゥ（ギョウザ）、ホットクも好きです。ホットクは、小さいときからよくオンマとつくっています。

オンマがつくる
スンドゥブチゲ

韓国おでん
味は日本のおでんににている。具は魚の練り物が中心で、くしにさしてある。

ダルゴナ
日本の「カルメ焼き」ににたあまいおかし。

韓国チキン
さくさくの衣が特長のほねつきチキン。あまからいタレをかけたヤンニョムチキンも有名。

ホットク
ホットケーキににているけれど、中にあまいあんが入るものが多い。

韓国の文化でいいなと思っていることがあれば教えてください。

韓国の人は、自分の親にも敬語で話すところがすごいなと思います。日本では自分の両親に敬語で話すことはほとんどないので。

音楽ならK-POPが好きで、オンマと一緒によく聞いています。とくにBTSの歌が好きで、小さかったころは、よく歌に合わせてダンスもしていました。

29

キム・シウさんの家族にインタビュー

キム・シウさんの家族、韓国出身のお父さんと日本出身のお母さんに、家族で大切にしていることを聞いてみました。

韓国の風習と日本の風習をどのように取り入れていますか？

まず韓国の風習として、子どもが満1歳をむかえたときに行う「トルジャンチ（돌잔치）」という行事があります。親戚や友人、職場の方々をまねいて、1歳になったことを盛大にお祝いするのです。息子の「トルジャンチ」も韓国で150人くらい招待して盛大に祝いました。日本に住んでいますし、日本の風習や伝統行事も大事にしていきたいと思い、お宮参りや七五三、初節句などの日本の行事ももちろん行っています。

韓国のトルジャンチと日本のお宮参り

韓国の文化で大切にしていきたいと思うことはどんなことですか？

結婚後、韓国料理に興味をもちました。息子にもその味と文化を伝えていきたいと思います。例えば、「わかめスープ」。韓国では、誕生日にわかめスープを食べて、自分を生んでくれた母親に感謝し、母親は子どもを産んだときのよろこびを思い出すという風習があります。これは素敵な文化だと思い、日本にいても、家族の誕生日にはわかめスープをつくっています。また、韓国では目上の人や両親をうやまう文化を日本より大切にしているので、息子にも韓国語で目上の人と話すときの敬語を教えています。

韓国の友人や家族、親戚とのつながりをどのように大切にしていますか？

韓国語には「ウリ」という言葉があります。「わたしたち」という意味で、「ウリ家族」「ウリ友だち」のようによく使われます。家族や友人を大切にしていると感じられる言葉で、とても素敵だと思っています。なので、息子が生まれてからは、日本と韓国それぞれの家族や、日本に住んでいる韓国の家族との交流をできるだけひんぱんに行い、日韓のつながりを大切にしています。

日本に来て、衣食住でおどろいたことはありますか？

料理のもりつけ方がちがう！
日本は一人ずつ、それぞれの食器に料理がもりつけられていることが多いように思います。一方韓国は、いろいろなおかずの皿を食卓にたくさんならべるのです。韓国の食堂に行くと、注文した料理以外にもおかずをたくさんならべてくれて、無料でおかわりもできます。これは昔から続いてきた文化で、お米が高価だった時代でも、おかずだけはたくさん食べてほしいということが起源のようです。

日本の家は寒い！
韓国には「オンドル」というゆかだんぼうのせつびが、ほとんどの家に設置されていて、冬でも家中のどこでもあたたかくすごせます。日本の家にはあまりないので、冬は家の中でも寒いと感じてしまいます。オンドルは、温水式といってゆか下にしかれたパイプの中にお湯を通すことで、ゆかを温めます。エアコンとちがい、かんそうすることがないので、寒い韓国の冬をかいてきにすごすためのくふうですね。

韓国のオンドルのしくみ

韓国に行ったときに、買うものはありますか？

韓国に行ったときは必ず、「韓国粉唐辛子」を買って帰ります。日本でも買えますが、韓国のほうがたくさんの種類が手に入ります。これを使って韓国料理をつくると、最高なんですよ！

韓国語で話してみよう

韓国語のあいさつと気持ちを表す言葉です。声に出して話してみましょう。

あいさつの言葉

まずは友だち同士のあいさつをおぼえてみよう

おはよう
アンニョン
안녕

こんにちは
アンニョン
안녕

さようなら
チャルガ
잘가

ごめんなさい
ミアネ
미안해

ありがとう
コマウォ
고마워

どういたしまして
チョンマネ
천만에

気持ちを表す言葉

気持ちを表す言葉を
わたしも勉強中だよ

うれしい
キ ポ
기뻐

たのしい
チョル ゴ ウォ
즐거워

おこる
ファ ガ ナ
화가나

こまる
コル ラ ネ
곤란해

かなしい
スル ポ
슬퍼

さびしい
ウェ ル ウォ
외로워

おもしろい
チェ ミ イッ タ
재미있다

つまらない
チェ ミ オプ タ
재미없다

33

韓国の行事にせまってみよう

韓国の年中行事は、「旧暦」で日付が決まります。
文化や歴史にちなんだ祝日を見てみましょう。

韓国ではこどもの日に、子どもはおもちゃを買ってもらったり、おこづかいをもらったりする。

新正（シンジョン）
1月1日

初日の出を見に海や山に出かける。前日の12月31日には、除夜のかねをつく。

三一節（サミルチョル）
3月1日

1919年3月1日に、日本からの独立運動が始まったことを記念した祝日。

こどもの日（オリニナル）
5月5日

子どもの成長を願う日で、新暦の5月5日が祝日になる。

釈迦誕生日（プチョニムオシンナル）
5月ごろ　（旧暦4月8日）

仏教を開いた釈迦が生まれた日を祝う日。

> 1月 > 2月 > 3月 > 4月 > 5月 > 6月 >

正月（ソルラル）
2月のはじめごろ　（旧暦1月1日）

ソルラルは、韓国の正月の日という意味です。旧暦1月1日の前日から3日間が祝日になります。伝統的な衣装である韓服を着て親戚が集まり、先祖へのお参りなどをおこなって盛大に祝います。うすく切ったおもちが入った韓国風おぞうに「トックッ」をはじめとした、さまざまなお正月料理を食べます。また、子どもたちがお年玉をもらう風習もあります。

顕忠日（ヒョンチュンイル）
6月6日

朝鮮戦争などで、なくなった戦没者をしのんで平和を願う日。

ソルラルで食べられる韓国風おぞうに「トックッ」。

韓国では、新暦のお正月よりも旧暦のお正月のほうが盛大に祝われるんだよ

韓国でもお年玉がもらえるんだね

伝統的な行事で韓服を着るよ

韓国の伝統衣装、韓服を着た家族。

正月（ソルラル）や秋夕（チュソク）のような伝統的な行事のときには、多くの人が韓国の伝統的な衣装である韓服を着ます。男性の韓服は「パジ・チョゴリ」とよばれ、たけの短い上着（チョゴリ）に、すそが広がったズボン（パジ）をはき、カッとよばれるぼうしをかぶります。女性の韓服は「チマ・チョゴリ」とよばれ、チョゴリの上からまきスカート（チマ）をはきます。

光復節（クァンボクチョル）
8月15日
韓国が日本の植民地支配から解放されたことを記念する日。

開天節（ケチョンジョル）
10月3日
韓国の建国記念日。

ハングルの日（ハングルナル）
10月9日
韓国で使われる文字「ハングル」が使われるようになったことを記念する日。

聖誕節（ソンタンジョル）
12月25日
イエス・キリストの誕生日（クリスマス）。

> 7月 ＞ 8月 ＞ 9月 ＞ 10月 ＞ 11月 ＞ 12月

秋夕（チュソク）
9月ごろ（旧暦8月15日）

秋夕（チュソク）は、その年のしゅうかくに感謝する日です。毎年、旧暦8月15日の前日から翌日までの3日間が祝日になります。日本や中国でお月見をする「中秋」のころにあたります。正月（ソルラル）と同じように、親戚が集まり、先祖のお墓参りなどをします。秋夕（チュソク）のための料理には、松の葉の香りをつけたソンピョンとよばれるおもちなどをつくります。

秋夕（チュソク）のときに食べられるおかし。カラフルなおもちが「ソンピョン」。

韓国にはキリスト教徒が多く、クリスマスも祝日になるんだ。ほかに、選挙のある日も祝日になるよ

韓国の教育制度と小学校のようす

韓国は子どもたちの教育に熱心な国です。英語教育もさかんで、
留学する人もたくさんいます。

韓国の教育制度

韓国の教育制度は日本とよくにています。6歳から6年間、日本の小学校にあたる初等学校に通い、その後の中学校3年間までが義務教育です。高校は3年間、大学は4年間であるところも日本と同じです。高校に入るときには基本的に入試がなく、住んでいる地域によって入る高校が決まります。大学に進学する人が多く、小学生のころから塾に通う子どもが少なくありません。

タブレットを使って授業を受ける小学生。韓国では、ICT教育もさかん。

韓国の小学校の1年間

韓国の学校は2学期制です。3月のはじめに入学式や始業式があり、7月下旬までが1学期です。夏休みは1か月程度で、8月下旬〜12月下旬までが2学期です。12月下旬〜2月下旬まで冬休みになるところが多く、2月下旬に終業式や卒業式があります。

韓国には大学までエスカレーター式に進学できる付属校がないんだって

新学期

4月	5月	6月	7月	8月	9月	10月	11月	12月	1月	2月	3月
				夏休み					冬休み		1学期
1学期					2学期						

※冬休みの期間に、登校する場合もある。

授業のようす

　韓国の小学校の授業時間は40分間です。高学年では日本と同じように5～6時間目まで授業がありますが、1時間あたりの授業時間が短いので、おそくとも15時ごろまでには学校が終わります。

　日本の公立学校とはちがい、音楽や図工、体育などとともに、英語も専任の先生が教えます。音楽では、韓国の伝統楽器であるチャンゴ（右の写真）やチンなどを使った授業もあります。

チャンゴ。砂時計型のつづみで、素手やばちで音を出す。

放課後のすごし方

　放課後には学校が開催する「放課後学校」があります。放課後学校では、英語や算数などの学習や、外部からまねいた先生からスポーツやプログラミングなどを習うことができます。放課後学校には参加せず、個人で学習塾やスポーツ、音楽などの習い事をする子どももたくさんいます。こうした習い事は「学院（ハグォン）」とよばれています。英語や数学、楽器、テコンドーなどのぶじゅつが、習い事として人気です。

韓国の小学校での、英語の授業のようす。

テコンドーを練習しているようす。

テコンドーは、オリンピックの競技のひとつだよね

韓国の食文化にせまってみよう

韓国は食事を大切にする国です。家庭の食卓には米を主食に、おかずがたくさんならびます。バラエティに富んだ米料理や、韓国ならではのおかずをくわしく見てみましょう。

たくさんの小皿料理がならんだ韓国の食事。

おかずがいっぱい！

韓国は米が主食です。ごはんをおいしく食べられるように、多種多様のおかずを出してもてなすのが韓国式です。メインの料理のほかに、キムチやナムルなどの小皿料理がならびます。品数をそろえるために、それぞれの家庭で漬物や煮物、和え物などのおかずを常備菜としてつくり置きしています。冬の寒さがきびしい韓国では、体を温めるためにキムチをはじめとしたからい料理や、チゲやクッとよばれる温かいなべ料理、スープもよく食べられます。

キムチは、日本でもよく食べられているね

ビビンパ。日本でも焼き肉店などでは定番の料理。

ごはんの食べ方いろいろ

韓国人は米をよく食べます。日本人と同じように、米をたいてごはんとして食べるだけでなく、おかゆやおもちにしたり、たきこみごはんにしたりと、さまざまな食べ方をします。肉やナムルなどとごはんをまぜて食べる「ビビンパ」、ごはんを塩やごま油で味つけし、さまざまな具材を入れてのりでまいたキンパブなどは、日本でもよく見かける料理になりました。

韓国ののりまき、キンパブ。韓流ブームのえいきょうなどから、日本でも人気に。

38

キムチってどんな食べ物？

キムチは野菜を塩づけにして、とうがらしや、魚を発酵させてつくった調味料を加えて、低い温度で発酵させてつくります。乳酸菌を使って発酵しているため、すっぱい味になります。日本ではとうがらしを使った赤いキムチが知られていますが、からくない白いキムチもあります。

韓国では、食事は「ごはん、おかず、スープ、キムチ」といわれ、ほぼ毎食キムチを食べます。家庭でつくる人も多く、近所の人たちと助け合ってキムチをつくる「キムジャン」とよばれる文化も残っています。

近所の人たちが集まってキムチをつくる「キムジャン」のようす。現代では、キムジャンをおこなう家庭はへりつつあり、キムチを店で買う人も多い。

においの強いキムチをほかのものとは分けて冷やすための、キムチ専用冷蔵庫がある家もあるよ！

屋台は学校の近くにもあって、塾の行き帰りに買い物をする子もいるよ

子どもにも人気の屋台グルメ

韓国の都市部では、食べ物を売る屋台が数多くならんでいます。おやつや軽食を食べ歩きする文化があり、朝ごはんを屋台ですませる人もいます。屋台では、ごはんとおかずをのりでまいた「キンパブ」、細長いもちを甘からいコチュジャンのたれでにこんだ「トッポッキ」、小麦粉や米粉などを焼いてつくったお好み焼きのような「チヂミ」など、韓国ならではの料理や、さまざまなめん類、おかしなどが売られています。

39

もっと知りたい！ 日本でくらす世界の友だち 多文化共生を学ぼう

中国・韓国の友だち

ベトナム・フィリピンの友だち

ブラジル・ネパールの友だち
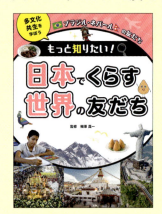

[監修] 梅澤 真一（うめざわ しんいち）

植草学園大学発達教育学部教授（元・筑波大学附属小学校教諭）。専門は小学校社会科教育。日本社会科教育学会、全国社会科教育学会、日本地理教育学会などに所属。東京書籍『新編 新しい社会』教科書編集委員。著書に『梅澤真一の「深い学び」をつくる社会科授業 5年』（東洋館出版社）、編著に『必備！社会科の定番授業 小学校4年』（学事出版）、監修に『小学総合的研究 わかる社会』（旺文社）、『読んでおきたい偉人伝 小学1・2年』（成美堂出版）、『警察署図鑑』『病院図鑑』（金の星社）など。

- ●マンガ　　　　　ナガラヨリ
- ●本文イラスト　　ツナチナツ
- ●原稿執筆　　　　やべとしひこ、菅 祐美子、つづきあや、青木 美登里
- ●デザイン・DTP　横地 綾子（フレーズ）
- ●地図　　　　　　ジェオ
- ●校正　　　　　　ペーパーハウス
- ●編集　　　　　　株式会社 アルバ
- ●写真提供・協力　Shutterstock、PIXTA、photolibrary、毎日新聞社／アフロ、アフロ、Lee Jae-Won／アフロ、Kim Jung Hun／アフロ、photoAC、TongRo／アフロ、Yonhap／アフロ、YONHAP NEWS／アフロ
- ●取材協力　　　　横浜市教育委員会

100年の歩み

金の星社は1919（大正8）年、童謡童話雑誌『金の船』（のち『金の星』に改題）創刊をもって創業した最も長い歴史を持つ子どもの本の専門出版社です。

よりよい本づくりをめざして

お客様のご意見・ご感想をうかがいたく、
読者アンケートにご協力ください。
ご希望の方にはバースデーカードをお届けいたします。

アンケートご入力画面はこちら！

https://www.kinnohoshi.co.jp

もっと知りたい！ 日本でくらす世界の友だち
多文化共生を学ぼう

中国・韓国の友だち

初版発行　2025年2月　　第2刷発行　2025年5月

監修　　　梅澤 真一

発行所　　株式会社 金の星社
　　　　　〒111-0056　東京都台東区小島1-4-3

電話　　　03-3861-1861(代表)
FAX　　　03-3861-1507
振替　　　00100-0-64678
ホームページ　https://www.kinnohoshi.co.jp
印刷　　　広研印刷 株式会社
製本　　　東京美術紙工

40P.　29.5cm　NDC380　ISBN978-4-323-05114-7
©Yori Nagara,TsunaChinatsu,ARUBA,2025
Published by KIN-NO-HOSHI SHA,Tokyo,Japan

乱丁落丁本は、ご面倒ですが、小社販売部宛てにご送付ください。
送料小社負担にてお取り替えいたします。

JCOPY 出版者著作権管理機構 委託出版物

本書の無断複写は著作権法上での例外を除き禁じられています。
複写される場合は、そのつど事前に、出版者著作権管理機構
（電話 03-5244-5088、FAX 03-5244-5089、e-mail: info@jcopy.or.jp）の許諾を得てください。
※本書を代行業者等の第三者に依頼してスキャンやデジタル化することは、
　たとえ個人や家庭内での利用でも著作権法違反です。